VIE

DE LA VÉNÉRABLE MÈRE

SCHOLASTIQUE,

RELIGIEUSE FEUILLANTINE,

Connue dans le monde sous le nom d'Antoinette d'Orléans de Longueville, fille de Mme Marie de Bourbon et d'Eléonor d'Orléans, duc de Longueville.

A TOULOUSE,

DE L'IMPRIMERIE D'ANTOINE NAVARRE, RUE DES TIERÇAIRES, n.° 84.

1818.

VIE

DE LA VÉNÉRABLE MÈRE

SCHOLASTIQUE,

RELIGIEUSE FEUILLANTINE.

~~~~~~~~~~~~~~~~~

LA religion chrétienne, fondée sur l'humilité de Jesus-Christ, annoncée par des hommes pauvres et de naissance obscure, eut au commencement beaucoup de peine à pénétrer dans les palais des princes, les maximes de l'évangile et celles des grands de la terre ne pouvant s'allier ensemble ; mais cette alliance qui parut d'abord impossible à la raison humaine, devint aisée à la grâce de Jesus-Christ, lequel ayant uni dans sa personne le sang d'une maison royale, avec les incommodités et les misères qui accompagnent pour l'ordinaire
~~~~~~~~~~~~~~~~~

ceux qui naissent dans la bassesse et la pauvreté, nous fit assez connaître que la grandeur des princes s'unirait avec l'humilité chrétienne dans la suite des siècles. En effet, l'Histoire de l'Eglise nous fournit très-souvent de semblables sujets ; et pour ne pas m'écarter de celui que je traite, je dois dire avec vérité que la très-auguste et royale maison de France a produit dans ses différentes branches un grand nombre de princes pieux et de saintes princesses, dont les uns ont fait monter les vertus sur le trône, les faisant régner sous leur pourpre, et les autres ont abaissé leur grandeur, et l'ont cachée à l'abri de l'humilité chrétienne et religieuse, suivant les différentes impressions et les divers mouvemens du Saint-Esprit. J'ai souvent pris plaisir d'examiner cette multitude de personnes saintes qui sont sorties de cette race, et j'ose assurer qu'il ne serait peut-être pas impossible d'en marquer pour chaque jour de l'année, tant la grâce a été abondamment répandue sur une famille destinée de Dieu pour être l'appui de l'église et le soutien de la véritable religion jusqu'à la fin du monde. Ce que je vais dire de la vertueuse et humble religieuse dont j'ai mis le nom à la tête de ce discours, doit servir d'une nouvelle preuve de ce que je viens d'avancer.

Elle s'appelait dans le monde Antoinette

d'Orléans de Longueville, fille de madame Marie de Bourbon et d'Eléonor d'Orléans, duc de Longueville ; elle a vécu dans la cour du roi Henri le Grand, dont elle avait l'honneur d'être fort proche parente, madame sa mère étant fille de François de Bourbon, comte de Saint-Paul, frère de Charles de Bourbon, duc de Vendôme, aïeul du roi Henri IV. Tous ces noms font suffisamment l'éloge de leur grandeur, sans qu'il faille y ajouter une seule parole ; il ne me reste donc qu'à parler des vertus de cette illustre princesse et humble religieuse, ce que je tâcherai de faire en peu de paroles, n'osant pas entreprendre de dresser un éloge digne de mon sujet, et voulant en laisser la gloire à ceux qui composent la Vie entière de madame Antoinette d'Orléans, et dans toutes ses circonstances.

Cette dame naquit au château de Trie, et fut élevée dans sa jeunesse avec les soins qu'on prend pour les personnes de son rang ; elle épousa Charles de Gondy de Rets, marquis de Belle-Isle, fils aîné d'Albert de Gondy de Rets, duc et pair et premier maréchal de France. Ce jeune seigneur fut tué au siége de Rouen en 1596, et laissa deux garçons à son épouse, dont l'un fut duc de Rets après son aïeul, et l'autre mourut en sa première jeunesse.

La mort du marquis de Belle-Isle rendit à madame d'Orléans la liberté de s'adonner à la pratique des vertus avec toute l'étendue de son affection ; et comme dès sa plus tendre jeunesse elle sentait toutes ses inclinations portées au service de Dieu par le mépris des grandeurs du monde et par la séparation de toutes les créatures, elle aurait tâché d'y parvenir, et d'obtenir du seigneur de Belle-Isle la permission de se retirer dans un cloître, si Dieu avait conservé plus long-temps la vie de ce cher époux. Un sentiment si élevé, si dévot et si généreux, ne pouvait être que l'effet d'un amour très-sincère envers Dieu ; et afin qu'on sache que je n'avance point ces choses sans une preuve légitime, voici comme elle s'en explique elle-même dans la première lettre qu'elle écrivit à la mère supérieure des Feuillantines, datée du 20 Septembre 1598 : « Une des plus » grandes et signalées grâces de Dieu, et » que j'estime le plus, est de m'avoir » donné une connaissance des misères de » ce monde, et du peu de moyen qu'il » y a d'y faire son salut, dont s'est ensuivi » une telle volonté de le quitter, et de » suivre mon Dieu en la sainte religion » monastique, qu'il n'y a autre qui m'en » puisse détourner que lui-même, la- » quelle volonté j'ai eu non-seulement » depuis un, deux, trois ou quatre ans, » mais depuis que j'ai connaissance de » mon Dieu, et du peu d'assurance qu'il

» y a aux choses du monde , soit en créa-
» ture , ou du reste qui en dépend ; et
» a toujours été ma volonté si grande ,
» que quoique le bon Dieu n'eût appelé
» M. le marquis de Belle-Isle mon mari
» sitôt qu'il a fait à lui , si m'étais-je pro-
» posée de supplier sa dévotion et sainte
» charité qu'il me portait, de me licencier,
» de me retirer , et faire ce que je pré-
» tends avec l'aide de mon Dieu , ce que
» j'eusse fait s'il l'eût eu agréable ; mais
» le bon Dieu a pourvu à tout , ce qui me
» donne assuré témoignage du plaisir qu'il
» a que je suive sa sainte inspiration. »

On peut juger par des paroles si pieuses , que cette princesse vivait dans le
monde comme n'y étant pas ; que l'éclat
de la cour où son rang l'appelait souvent,
devait être une violence continuelle à ses
inclinations , et que la joie de son cœur
ne se trouvait que dans la solitude qu'elle
s'était formée au milieu de Paris , ayant
changé son palais en un oratoire, ou pour
mieux dire , en une petite cellule où elle
conversait seule avec son époux , et pratiquait les vertus qui devaient la disposer
à la vie religieuse ; entre autres , l'absti-
nence et la prière lui furent toujours chères. Elle se contentait le plus souvent de
pain et d'eau , avec des fruits , pour toute
nourriture , lorsqu'elle avait occasion de
se dérober à la vue des autres ; et le

désir de la prière lui faisait interrompre le sommeil de la nuit, pour répandre son ame en la présence de Dieu, prosternée devant un tableau de la descente de la croix qu'elle tenait à la ruelle de son lit, et qui se conserve encore dans l'église des Feuillantines de Toulouse.

Il ne fallait pas de moindres actions de piété pour disposer cette sainte veuve au sacrifice et à l'abandon qu'elle voulait faire : sa naissance était un obstacle ; deux enfans d'une tendre jeunesse touchaient sensiblement son cœur ; tout s'élevait contre sa résolution ; la prudence du siècle qui ne manque pas de raisons apparentes, voulait trouver un milieu entre cette rigoureuse retraite et la vie éclatante du grand monde. Sa propre mère enfin pour laquelle elle avait un respect infini, ne la menaçait pas moins que de sa malédiction si elle se retirait de la sorte. C'était votre ouvrage, mon Dieu ; vous vouliez sauver cette ame par la bassesse et l'humilité religieuse, et vous lui donnâtes la force et le courage de surmonter toutes ces oppositions. La résolution étant prise d'une manière à ne devoir jamais changer, madame de Belle-Isle s'adressa au couvent de l'*Ave Maria* de Paris, comme le plus austère et le plus réformé qu'elle connût pour y être religieuse, ayant pourtant de la douleur d'être si peu éloignée de ses proches ;

mais parce qu'on n'avait jamais reçu de veuve dans cette maison, cette difficulté empêcha l'exécution de son dessein ; et Dieu qui l'avait destinée pour être Feuillantine, permit qu'elle entrât pour lors en connaissance de leur institut ; que les veuves y étaient reçues, qu'on y vivait d'une manière extrêmement austère, et que leur maison était très-éloignée, et située dans une si petite ville, qu'à peine était-elle connue dans son voisinage. Ces circonstances si conformes aux inclinations qu'elle avait de vivre cachée, éloignée de ses parens, et dans une vie très-austère, la déterminèrent pour la maison des Feuillantines ; et c'est de sa première lettre que j'ai déjà citée que nous apprenons ce détail, lorsqu'elle dit : « Je n'ai » jamais été conseillée en religion qui ne » fût fort réformée et bien réglée, et aussi » que ma volonté n'a jamais été autre ; je » me suis enquise si je ne pourrais point » entrer au couvent des dames de l'*Ave* » *Maria*, qui sont les seules réformées de » cette ville de Paris et des plus de ce » pays, quoiqu'il me fâchait bien d'être » si proche de mes parens, et n'en sachant » point d'autre, j'étais résolue de passer » outre : mais le bon Dieu ne l'a point » voulu, d'autant que ces bonnes dames » n'ont jamais reçu de veuves ; et sur ces » entrefaites Dieu me fit la grâce d'en-

» trer en connaissance avec mon cher
» père de Sainte-Catherine , (auquel j'ai
» quelquefois commis les affaires de ma
» conscience avec beaucoup de consola-
» tion) , et par le moyen duquel j'ai dé-
» couvert davantage ce qui est de votre
» compagnie , et de la sainte vie que vous
» tenez en votre monastère. » Ce monastère étant préféré à tous les autres par les
raisons que j'ai déjà apportées, elle partit
pour s'y rendre, dans la résolution (comme
elle l'écrit) « d'y obéir, d'embrasser la
» croix de Jésus-Christ , se rendre la pre-
» mière dans l'observance ; enfin , pour y
» vivre et mourir par amour et charité ; » et
arriva à Toulouse le 25 Octobre 1599. Elle
s'était séparée de ses parens et de ses amis ,
sous prétexte d'aller rendre ses vœux à
Notre-Dame de Monsarrat ; sur la route
elle ne retint que le peu de personnes
absolument nécessaires à son service , et
marchait sous le nom déguisé d'une dame
qui allait plaider au parlement de Toulouse. L'évêque de Bayonne revenant de
Paris, la rencontra à Blaye , et ce déguise-
ment la lui fit méconnaître ; néanmoins
comme ils suivaient la même route de
Toulouse, il la reconnut, et lui rendit les
respects qui étaient dus à sa naissance ,
sans pourtant qu'elle voulût lui avouer
ce qu'elle était ; et cela lui fit juger
(connaissant d'ailleurs sa grande piété)

qu'elle allait sans doute se renfermer dans quelque cloître ; il en avertit incontinent le premier président de Toulouse, lequel ayant appelé les vicaires généraux et quelques autres personnes de marque, se rendit aux Feuillantines avec l'évêque de Bayonne en même temps que notre princesse y arriva ; ils lui remontrèrent tous qu'elle devait se reposer quelque jours, voir cette grande ville, et visiter les lieux saints et les reliques considérables qu'on y garde : mais cette raison ne touchant pas cette dame, qui répondit « qu'elle avait » trouvé toutes les reliques et le lieu saint » qu'elle cherchait dans les personnes des » dévotes religieuses du monastère de » Sainte-Scholastique, » le premier président ajouta qu'une personne de son rang ne pouvait disposer d'elle-même sans la permission du roi, et défendit aux religieuses de lui donner l'habit jusqu'à ce qu'il eût réponse de la cour par un courrier qu'il allait dépêcher sur l'heure.

La pieuse princesse ne donna guère d'attention à toutes ces raisons, et demandant d'entrer dans le monastère pour lequel elle avait soupiré si long-temps, elle fut reçue avec des sentimens de joie de la part des religieuses qui allaient posséder un si grand trésor, et avec une consolation infinie de son côté, s'estimant heureuse d'aller vivre parmi des anges.

Dieu fit connaître par deux marques évidentes qu'il était l'auteur de ce dessein, et que lui même en prenait la conduite pour lui donner un succès favorable. La demande de madame de Belle-Isle pour être religieuse étant une chose importante, et qui méritait le secret pour beaucoup de raisons, n'était connue que des principales de la maison; néanmoins Dieu voulut en faire part à cette simple et bonne sœur converse dont nous avons déjà parlé. Etant une nuit en oraison, il lui sembla voir une dame qui entrait au monastère en qualité de postulante; toutes les sœurs allaient à la porte pour l'y recevoir suivant leur coutume: cette dame paraissait d'une telle majesté et d'un air si relevé, que les sœurs n'osaient s'approcher d'elle, et même étant conduite au chapitre, elles n'avaient pas la hardiesse de l'aller saluer, et que cette dame y suppléait, les allant chercher et prévenir elle-même. Un mois après, elle eut encore la même vision, et dans les mêmes circonstances; elle la raconta à une mère des plus anciennes, laquelle lui répondit qu'à la vérité une grande dame avait eu la pensée de se retirer avec elles, mais qu'on croyait la chose rompue par l'opposition des parens. La sœur converse n'en jugeait pas ainsi, et on connut bientôt qu'elle avait raison; car le lendemain à huit heu-

res du matin arriva un messager de la part
de cette dame qui avertissait qu'elle était
aux portes de Toulouse ; et parce que tout
ce qui vient de Dieu se trouve véritable
et en toutes manières , toutes les circonstances prévues par la sœur arrivèrent , et
à la porte du monastère et dans le chapitre , lorsque cette princesse y fut reçue.

La seconde marque que Dieu donna en
faveur de la vocation de madame de
Belle-Isle , c'est que les religieuses , et
même les supérieurs qui avaient reçu défense de lui donner l'habit avant l'arrivée
des ordres du roi, vaincus par ses pieuses
et pressantes sollicitations , ne purent se
défendre de la revêtir de l'habit religieux,
ce qui fut fait le 1.er jour de Novembre ;
et l'événement fit connaître que c'etait un
conseil et une conduite de Dieu ; car le
roi répondant aux lettres du premier président , ordonna qu'elle fût renvoyée à
Paris si elle n'avait pas encore reçu l'habit religieux ; mais si cela était déjà fait ,
qu'on la laissât en paix dans son monastère.

Son frère vint en diligence à Toulouse
pour la retirer de son cloître ; son beau-
frère, coadjuteur de Paris , y vint pour
le même dessein , avec des lettres du duc
de Rets son père et du cardinal de Gondy
son oncle : ils firent des efforts inutiles ,
et trouvèrent notre religieuse déjà si for-

mée dans les pratiques humiliantes de sa nouvelle vie , que s'ils ne l'eussent pas bien connue , ils l'auraient prise pour la dernière et la moindre de toutes les servantes de Dieu. De la même manière qu'étaient trompés , au rapport de saint Jérôme, ceux qui ne connaissant pas sainte Paule , et la voyant dans une telle humilité , ne pouvaient se persuader que ce fût cette dame romaine , aussi illustre par ses vertus qu'elle l'était par la grandeur de sa naissance.

Celle dont nous parlons suivait parfaitement les traces de ce grand modèle , si elle ne les surpassait pas , oubliant la maison de son père , suivant le conseil du prophète. Dès le moment qu'elle entra en religion , elle pria qu'on ne se souvînt plus de la grandeur de sa naissance par aucune distinction , et qu'on la considérât comme la moindre et la plus imparfaite ; et cependant , pénétrée des sentimens d'une profonde humilité , elle ne s'apercevait pas qu'elle-même se distinguait des autres par une austérité plus rude , une oraison plus continuelle , un travail plus infatigable , une volonté plus soumise et plus dépendante que toutes les autres religieuses. Son lit de paille lui paraissait trop doux ; elle couchait pour l'ordinaire ou sur des ais ou sur la terre ; elle n'était jamais rassasiée de cilices , de haires , de

disciplines et d'autres pénitences corpo-
relles ; le pain et l'eau faisaient presque
sa nourriture durant le carême : une de
ses joies était de servir les sœurs au ré-
fectoire à son tour, parce qu'alors elle
avait un peu plus de liberté de se morti-
fier dans le manger sans qu'on s'en aper-
çût, choisissant pour elle ce qui restait
des autres, et toujours ce qui était le
moindre et le plus mal propre, pour sa-
tisfaire en cette sorte aux péchés que la
délicatesse fait souvent commettre dans
l'usage et la vie des grands. On l'a quelquefois surprise commençant à manger
des viandes qui étaient presque corrom-
pues, pour avoir par mégarde été oubliées
à l'écart ; et une telle nourriture, dont la
seule pensée est capable de faire horreur,
allait faire les délices d'une princesse, si
quelque sœur l'ayant aperçue ne lui avait
arraché par force.

Elle se levait toujours la nuit pour se
mettre en prières, et on ne manquait jamais de la trouver aux portes du chœur
lorsqu'on l'allait ouvrir à deux heures
pour y chanter matines. Sa charité, son
assiduité et sa propreté à servir les ma-
lades, étaient admirables. Elle aimait extrêmement celles qui la reprenaient de ses
fautes, et vivait dans une telle humilité,
que pratiquant tout ce qui est de grand
et d'élevé dans la vie chrétienne et reli-

gieuse, elle ne voyait en elle-même que des défauts qui la remplissaient de frayeur et de honte. Enfin, nous pouvons dire, avec les paroles de saint Paulin, que cette dame était descendue, mais d'une manière fort noble, de l'élévation de sa haute naissance, jusqu'au degré le plus bas de l'humilité; que cet exemple extraordinaire de courage et de force dans le sexe le plus faible, reprenait la lâcheté des hommes; que la vie d'une femme riche qui s'était faite volontairement pauvre, d'une princesse devenue fort humble, couvrait de confusion les personnes de l'un et de l'autre sexe qui se laissent emporter aux mouvemens de la vanité.

La grandeur des vertus de cette sainte religieuse, et le désir de les faire tant soit peu connaître, m'a emporté à prévenir le temps, et a troublé l'économie de mon discours, puisque je devais dire les suites de son entrée dans le noviciat avant que d'expliquer quelles étaient ses pratiques dans la religion. Il est donc nécessaire de faire remarquer que cette pieuse dame, suivant les maximes de l'évangile, joignit la prudence dans sa conduite à l'innocence et à la simplicité. Comme elle avait cherché une retraite pour obéir, elle désira qu'on lui promît de ne l'élever jamais à gouverner les autres; elle s'adressa au pape pour le supplier de la secourir, et

d'être son appui contre les instantes pour-
suites de messieurs ses parens, qui pré-
tendaient toujours la retirer de cette retraite. Les supérieurs répondirent à sa première demande, que la disposition la plus
nécessaire dans le cœur d'une personne
religieuse, était celle de l'obéissance, et
qu'on obéissait également en commandant
aux autres, ou en leur étant soumise,
puisque le pere Saint-Benoît expliquant
ce que c'est que l'autorité d'un supérieur,
nous l'a fait comprendre en disant qu'il
doit obéir à la sainte règle, et même en
quelque sorte aux volontés de tous ceux
qui lui sont soumis.

Le pape répondit aussi d'une manière
consolante, comme on pourra le voir par
la lettre que je rapporterai après celle que
notre bonne novice lui écrivit ; la voici
dans ses propres termes, rien ne pouvant
mieux prouver les sentimens religieux de
celle qui l'écrit, et l'admirable observance et sainte régularité des religieuses
Feuillantines.

*Très-saint père, il y a déjà assez long-
temps qu'il a plu à Dieu de m'inspirer à
quitter le monde avec toutes ses vanités,
pour me dédier entièrement à son saint service en quelque monastère bien réformé, ce
que je n'ai pu faire jusques à maintenant,
tant pour n'en avoir pas trouvé aucun selon
ouvais désirer, comme pour les*

empêchemens que messieurs mes parens m'y
ont donné ; mais ayant été avertie d'un monastère de religieuses de la Congrégation de
Notre-Dame des Feuillans à Toulouse ; où
vraiment se garde et s'observe la règle de
St. Benoît , selon la constitution de la Congrégation approuvée et confirmée par votre
sainteté , auquel (après avoir donné ordre à
ma maison , et aux deux enfans que je laisse
au monde), je me suis rendue et transportée ,
non sans beaucoup de difficultés pour les
contradictions qui m'y sont survenues , et
ayant été reçue en icelui par ces bonnes
dames , et pris l'habit des mains du père
provincial de la Congrégation , j'ai vraiment
trouvé ce que je cherchais , non pas en
somptuosité d'édifices et biens temporels ,
mais en pauvreté , simplicité , austérité de
vie et bonne observance de la règle , où la
charité , la paix , l'union y est si grande ,
qu'il semble que ce n'est qu'un même esprit ,
et toutes les religieuses y semblent des anges
incarnés ; ce qui m'a de plus en plus confirmée dans ma sainte résolution , toutefois
parce qu'il semble que messieurs mes parens qui ont beaucoup de puissance veulent
avoir recours à votre sainteté pour me faire
sortir de ce monastère où j'ai déjà pris
l'habit novicial ; prosternée aux pieds de
votre sainteté , je la supplie très-humblement
de me favoriser de votre autorité , et ne
permettre qu'on me retire de cette sainte

compagnie où Dieu m'a appelée pour le servir le reste de ma vie, la suppliant très-humblement de donner audience et créance au présent porteur en tout ce qu'il vous dira de la part de votre très-humble servante en Notre-Seigneur, laquelle ne cessera jamais de prier Dieu qu'en toute santé il la conserve et prospère longuement pour son service. De votre sainteté, la très-humble et obéissante fille en Notre-Seigneur, sœur Antoinette de Sainte-Scholastique, ci-devant d'Orléans. A Toulouse, ce 16 Novembre 1599.

Le sieur Desnoyers de la Guichonière étant venu en ce temps-là pour conduire une de ses filles au monastère des Feuillantines, désira d'aller à Rome pour participer aux indulgences de l'année sainte qui allait bientôt commencer. Madame d'Orléans prit cette occasion pour envoyer sa lettre au pape, et lui faire dire ce qu'elle jugera nécessaire dans la conjoncture où elle se trouvait. Le saint père reçut cette lettre avec une joie sensible, et voulut d'abord la partager avec les cardinaux, admirant avec eux ce grand exemple de constance, de générosité et de piété chrétienne qu'une dame de ce rang venait de donner à la France dans un temps où l'hérésie y faisait encore de grands ravages, et avait causé beaucoup de relâchement dans la discipline de l'église ; il chargea le même sieur Desnoyers de sa réponse, qui était en ces termes :

Clément, pape VIII. Chère fille en Jesus-Christ, salut et bénédiction apostolique. Vous avez désiré les heureuses noces, et avez choisi la meilleure part, puisqu'ayant méprisé les grandeurs trompeuses du siècle et les biens qui sont périssables, vous avez pris le Seigneur pour votre époux. Vos lettres nous apprennent que vous vous êtes consacrée au service de Dieu dans le monastère de Sainte-Scholastique de Toulouse, où les servantes de Dieu, vivant religieusement et pieusement sous l'institut des Feuillans, animées du feu de l'Esprit-Saint, observent la discipline régulière avec charité. Nous vous congratulons, chère fille, de cette insigne faveur que vous avez reçue de Dieu, lequel vous retirant des orages et des tempêtes du monde, vous a établi dans le port de la sainte religion, afin que vous sauviez votre ame, et qu'après des travaux très-courts, et qui ne sont point proportionnés à la grandeur de la gloire future, vous puissiez entrer dans les joies éternelles. Soyez bénie de Dieu et de nous ; que le père des miséricordes qui vous a appelée augmente ses grâces, et vous accorde l'esprit et le don de persévérance jusqu'à la fin. Nous ne manquerons point d'être au besoin votre soutien et votre défenseur, et nous avons écrit à notre véné-

rable frere l'évêque de Modène ; nonce apostolique auprès du roi très-chrétien, afin qu'il vous aide lorsqu'il sera employé, et prenne garde que personne ne trouble votre repos spirituel. Cependant priez continuellement pour nous, vous et vos sœurs en Jesus-Christ, auxquelles et à vous nous donnons notre bénédiction apostolique. Donné à Rome sous l'anneau du pécheur, le 29 Janvier 1600, de notre pontificat l'an 8. Signé, Sylvius Antonianus, cardinal.

Le pape écrivit en même-temps au roi pour lui demander sa protection en faveur de madame d'Orléans, louant beaucoup cette entreprise courageuse, et nommant dans sa lettre plusieurs reines et princesses de l'auguste maison de France qui ont donné l'exemple à celle-ci de se retirer dans le cloître. Le pape écrivit aussi au cardinal de Gondy sur le même sujet. Le sieur Desnoyers rendit à madame d'Orléans le bref du pape dont il était chargé ; et elle se croyant à l'abri sous une telle protection, ne pensa plus qu'à son avancement dans la vie spirituelle, et le 6 de Janvier 1601, elle se consacra à Dieu par les vœux solennels de la profession religieuse.

Ses occupations étaient telles que je l'ai écrit ci-dessus, lorsqu'au commencement de l'an 1604 toutes les religieuses l'élurent d'une commune voix pour être supérieure, ayant bien plus d'égard à ce qu'elle était dans la religion, qu'à ce qu'elle avait été dans le monde. Ce fut la première mortification qui lui fut sensible dans le cloître ; il fallut cependant vaincre sa répugnance à gouverner les autres, et par là Dieu commença à la disposer à un sacrifice plus rude qu'il devait bientôt demander d'elle.

Ses proches ne pouvaient souffrir l'austérité de vie qu'elle avait embrassée : celle qui la pratiquait trouvait cette souffrance agréable ; mais les yeux du monde n'y voyant rien que d'insupportable et d'affreux par une fausse compassion, se crurent obligés d'y apporter quelque soulagement. On engagea madame Eléonor d'Orléans, tante du roi, abbesse de Fontevraud, de la demander pour coadjutrice, se voyant dans un âge extrêmement avancé. Tant qu'on n'usa que de prières, madame d'Orléans sut fort bien s'en défendre ; mais quand on joignit aux prières l'autorité du pape et celle du roi, il est impossible d'exprimer la douleur qu'en ressentit notre humble religieuse. L'on verra dans la suite que jamais personne désirant l'honneur, et entêtée de son élévation, n'a fait tant de démarches pour y arriver, que celle-ci en fit pour se défendre et pour refuser cet honneur. Les gens de piété jugeaient qu'elle ferait un grand service à Dieu d'entrer dans l'ordre de Fontevraud , et d'en rétablir l'observance. Le pape se joignit à eux , mais il se contenta d'user de prières, sans lui faire aucun commandement ; il lui écrivit le 22 Mai 1606 , et sans lui parler de la maison de Fontevraud , il l'exhorta d'examiner devant Dieu s'il ne serait pas plus utile pour sa gloire qu'elle travaillât au salut de plusieurs , que de rester dans la solitude occupée du seul soin de sa sanctification.

Il parut un autre bref du 5 Juin de la même année ; il renouvelle la même exhortation, et elle s'excusa avec des paroles humbles et modestes. Les choses ne furent pas poussées plus avant durant la vie du pape Clément ; mais Paul V son successeur usa de paroles d'autorité , et par son bref du 4 Juin 1605 , il lui commanda de quitter la maison des Feuillantines pour se rendre à Fontevraud , et y être coadjutrice de madame l'abbesse , lui laissant néanmoins le choix d'accepter cette coadjutorerie , ou d'y gouverner seulement durant un an en qualité de vicaire , conservant son habit de religieuse feuillantine. Ce bref fut accompagné des lettres que le roi lui écrivit de sa propre main pour l'engager à obéir ; et cette princesse se voyant sans secours humain contre ces deux puissances souveraines , tomba dans un accablement qui eût été capable de toucher les cœurs les plus insensibles ; elle se confirma pourtant dans sa première résolution , et continua de refuser une obéissance dont l'accomplissement lui paraissait impossible, jusqu'à ce que plusieurs docteurs qu'elle avait assemblés pour examiner cette affaire , lui dirent nettement qu'elle était obligée en conscience d'obéir au commandement du pape.

Il fallut donc se résoudre à quitter cette sainte retraite , à se séparer de ses chères sœurs, ou pour mieux dire, à laisser transporter son corps où l'on voulut ; car son ame , son cœur , ses désirs et toute son affection restèrent dans ce lieu qu'elle avait choisi pour y passer le reste de ses jours. Elle n'en perdit jamais le souvenir, elle en conserva l'habit et l'usage tant qu'il lui fut possible ; et après même que le pape l'eut obligée , sous peine de désobéissance et d'excommunication, de prendre l'habit de l'ordre de Fontevraud , elle entretint toujours commerce de lettres avec ses chères sœurs Feuillantines ; elle voulait être informée de tout ce qui se passait dans la maison , et on lui rendait compte comme si elle en eût été encore la supérieure. Elle ne perdait jamais les occasions de procurer du bien à sa chère maison ; on peut dire enfin qu'elle devint, par obéissance , tout ce qu'on voulut lui ordonner , et que par inclination elle fut toujours pauvre et humble religieuse feuillantine.

J'ai dit beaucoup de choses en peu de mots ; peu de lignes renferment ce qui coûta de douleurs amères et de larmes infinies à cette bonne princesse , parce que je n'ai osé entreprendre d'expliquer toutes les circonstances de cette translation. Quelles furent ses pensées , ses doutes , ses oppositions , ses résistances ! toute la terre s'unit pour la faire changer ; elle soutint l'attaque durant plusieurs années ; les différentes lettres qui lui furent écrites sur cette affaire par le pape , le roi , la reine , le comte de Soissons , les cardinaux de Joyeuse , Barberin , Buffalo et Baronius , ne font que trop connaître l'éloignement qu'avait cette sainte religieuse pour un changement qui troublait son repos qu'elle croyait devoir exposer son salut , et qui lui faisait craindre de se perdre en travaillant à sauver les autres. Semblable à ceux qui se défendent contre leurs ennemis , elle ne céda pas tout à coup ; il fallut la surmonter peu à peu , et l'engager à faire de différentes démarches pour arriver à ce qu'on voulait d'elle : car , premièrement , on se contenta de l'obliger à gouverner la maison de Fontevraud en qualité de vicaire et en habit de Feuillan-

B

tine ; après quoi il fallut recevoir l'habit de cet ordre, et ensuite accepter la coadjutorerie : mais enfin comme si Dieu eût voulu faire connaître que les hommes n'avaient eu que des vues humaines , et qu'il ne les avait pas approuvées , il permit que notre sainte religieuse , après la mort de l'abbesse de Fontevraud , en fît élire une autre par le consentement du pape et de la reine régente, qu'elle quittât une administration qui lui était infiniment onéreuse ; et ainsi elle fut remise dans son premier état. Pour lors elle se retira dans la petite maison de l'Encloître avec un certain nombre de pieuses filles de l'ordre de Fontevraud qu'elle avait connues ; là elle les instruisit dans les exercices de la sainte vie des Feuillantines , plus par ses exemples que par ses paroles , travaillant néanmoins de toutes ses forces pour obtenir son retour dans sa première maison.

Je crois qu'il est nécessaire de rapporter les temps auxquels sont arrivés les changemens dont je viens de parler, pour mieux éclaircir l'histoire de madame Antoinette d'Orléans. Elle sortit des Feuillantines le 16 Octobre de l'an 1605 ; elle reçut l'habit de Fontevraud sur la fin de l'an 1607 , et fut faite coadjutrice en l'an 1610 ; elle obtint permission de renoncer à cet emploi par l'entremise du cardinal de Joyeuse. L'année suivante 1611 mourut madame Eléonor de Bourbon, abbesse de Fontevraud , et madame Antoinette d'Orléans renonça de nouveau publiquement au chapitre de cette abbaye , à tout le droit qu'elle pouvait avoir à ce bénéfice , et fit élire pour abbesse Louise de Bourbon de Lavedan ; et parce qu'elle avait défense de retourner aux Feuillantines , l'austérité de cette vie déplaisant toujours de même à ses parens , elle se fit une retraite de la maison de l'Encloître , où menant une vie angélique avec plusieurs très-saintes filles , elle fit tellement solliciter le même pape Paul V , qu'enfin il lui permit de passer dans l'ordre des Feuillantines , et d'en prendre l'habit avec celles de ses filles de l'Encloître qui auraient assez de zèle pour l'imiter dans une si haute entreprise.

Ce bref du pape , daté du 18 Avril 1617 , fut adressé à l'évêque de Poitiers pour en procurer l'exécution , parce que cette pieuse dame , dans la ferme espérance d'obtenir à Rome ce qu'elle demandait , avait fait bâtir dans Poitiers un monastère sous le prétexte de s'y retirer avec ses filles : ce bâtiment se trouva parfait à l'arrivée des permissions du pape , et cette sainte troupe fut conduite dans la nouvelle maison de Poitiers , où madame d'Orléans et les autres reçurent l'habit de

Feuillantine sous la direction du supérieur des Feuillans de la ville de Poitiers.

La sainte impatience qu'avait cette
bonne princesse de se revoir bientôt dans
l'habit de sa première profession, l'empêcha de donner tout le temps nécessaire
à ce nouveau bâtiment pour en bien sé-
cher les murailles ; leur humidité ayant
corrompu l'air, principalement dans le
lieu où demeurait madame d'Orléans,
elle tomba malade, et souffrit plusieurs
jours sans se plaindre ; mais enfin le mal
augmentant, il fallut que le père confesseur usât d'autorité pour l'obliger à re-
lâcher une partie de ses austérités, et à
coucher sur une paillasse. On ne saurait
dire les sentimens humbles et vertueux
que cette très-digne religieuse fit paraître
les derniers jours de sa vie, s'accusant
continuellement de ses fautes, et en demandant pardon à ses sœurs, comme aussi
des mauvais exemples qu'elle leur avait
donné. Elle reçut les sacremens avec une
piété sensible, et l'on ne pouvait assez
admirer de la voir si unie à Dieu, nonobs-
tant ses douleurs aiguës. Je ne saurais me
dispenser de rapporter les propres paroles de son confesseur le père Jean de
Saint-Martial, alors supérieur des Feuillans de Poitiers, dans la relation qu'il
nous a laissée des circonstances de cette
heureuse mort, par lesquelles nous pour-

rons juger de la pureté de son ame. « Les
» confesseurs, dit-il, doivent s'étudier de
» mettre en oubli les péchés du prochain
» qu'ils apprennent en confession , à
» l'exemple de Dieu (duquel ils tiennent
» la place), qui nous assure par son pro-
» phète Ezéchiel qu'il ne se souviendra
» de pas une des iniquités que le pécheur
» vraiment converti aura commises pen-
» dant son état déplorable du péché.
» J'essayerai pourtant de ne jamais ou-
» blier cette confession , afin d'avoir tou-
» jours devant les yeux avec quelle pu-
» reté , fidélité , ferveur, courage et per-
» sévérance je suis obligé d'observer jus-
» qu'aux plus petites choses de la règle ,
» décrets et constitutions dont j'ai fait
» même profession qu'elle ; je ne pense
» pas que Dieu aie mis en oubli cette
» confession ; je dis en vérité qu'il m'était
» plutôt avis entendre un cantique de
» louanges de Dieu , qu'une confession
» d'une personne pécheresse. » Digne
éloge d'une ame vertueuse, laquelle ayant
durant sa vie en religion gardé ses règles
avec toute l'exactitude possible , ayant
uni à cela l'austérité , la mortification,
l'humilité et la charité dans un degré
excellent, à la fin de ses jours rend à Dieu
une confession de louange dont il est
honoré , et qui lui sert de voie pour entrer dans le sanctuaire de son Seigneur ,

ayant eu le bonheur de ne point l'offen-
ser, et de n'avoir pas besoin d'une confession de péchés et de désordres.

Après avoir donné du temps à se disposer à recevoir les sacremens, ou à re-
mercier Dieu après les avoir reçus, son
confesseur lui demanda si elle n'avait
point quelque chose à dire touchant les
affaires dont elle pouvait être chargée ;
elle lui répondit qu'oui, et dit « que pour
» ce qui la touchait en particulier, elle
» avait un regret qui ne mourrait qu'avec
» elle, d'être sortie des Feuillantines,
» étant pourtant tant soit peu consolée
» de l'avoir fait par ordre de sa sainteté
» et de son supérieur général ; qu'elle
» s'était réjouie dans l'espérance d'y re-
» tourner bientôt ; mais que maintenant
» il y avait apparence que Dieu la voulait
» priver de cette consolation à cause de
» ses infidélités, et que n'ayant pu y aller
» en vie, elle désirait que son corps y fût
» porté après sa mort, et qu'elle avait
» prié M. de Rets de faire les frais, et d'y
» apporter les diligences nécessaires, ne
» méritant pas que la Congrégation s'en
» mît en peine. » Elle répéta les mêmes
choses en présence des médecins et de
toutes ses filles ; elles furent dans une
affliction inconcevable d'entendre qu'elle
les privait du dépôt de son corps, et firent leurs efforts pour l'engager à rétracter

cet ordre ; à quoi elle répondit d'un esprit tranquille : « Contentez-vous, mes sœurs, » je vous prie, de ce que j'ai demeuré » avec vous pendant ma vie ; permettez » au moins que je sois avec nos sœurs » après ma mort. »

On la pria de dire quelque chose à la sœur Françoise de Matignon sa nièce, laquelle s'étant approchée et mise à genoux, elle lui dit, sans témoigner aucun sentiment naturel sur ses larmes, quoiqu'elle l'aimât tendrement : « Ma fille, » vous savez les obligations que vous avez » à ces bonnes filles qui sont ici avec vous, » avec quelle patience elles ont supporté » vos imperfections, l'assistance qu'elles » vous ont rendue ; je vous supplie de ne » pas les abandonner : votre qualité, selon » le monde, n'est rien ; il faut la perdre, » et vous-même en Dieu. Cette qualité » pourtant peut servir beaucoup pour » l'assistance de ces bonnes filles ; je vous » les recommande : je sais bien que pour » vous détourner de vivre avec elles, on » vous mettra en avant plusieurs raisons » de la nature, même sous prétexte de » bien ; mais je vous dis en vérité que » votre vrai bien est de vivre avec elles, » et que si vous les quittez, vous courez » hasard de vous perdre. » Elle ajouta encore plusieurs autres choses avec une tranquillité qui eût fait penser qu'elle ne souffrait aucune douleur ; elle s'entretint des cérémonies de l'ordre aux enterremens, et supplia qu'on la mît à terre pour mourir sur la cendre, comme elle l'avait vu pratiquer aux Feuillantines ; à quoi on lui répondit que cet usage avait été changé par le chapitre général à cause du danger qu'il y avait d'avancer la mort des personnes mourantes ; et elle fut satisfaite de cette réponse.

Le jour de Pâques étant arrivé, elle reçut encore le Très-Saint-Sacrement, et sans avoir égard à son extrême faiblesse, elle se leva, se mit à genoux au milieu de la chambre ; après quoi la maladie l'affaiblissant de plus en plus, elle ne fut pas en état de recevoir d'autres secours spirituels et corporels, et vécut jusqu'au 25 d'Avril, auquel jour elle rendit son esprit à celui qui l'avait créé pour sa gloire, en l'an 1618 ; son corps fut apporté aux Feuillans de Poitiers, et de là transféré à Toulouse en l'an 1622, sous la conduite du même père confesseur, alors provincial des Feuillans. On ne peut exprimer la joie des Feuillantines en recevant ce saint dépôt, lequel fut mis dans la muraille du chœur en y entrant à main droite ; en sorte qu'elles n'entrent jamais à l'église sans voir cette sainte sépulture, et sans se ressouvenir avec tendresse et dévotion de leur très-sainte et très-vénérende mère madame Antoinette d'Orléans.

Comme la Congrégation des Feuillans se trouva encore à cette mort dans les mêmes sentimens de ne vouloir pas se charger de la conduite des monastères de filles, il fallut que ces nouvelles Feuillantines, ayant perdu leur mère, perdissent aussi leurs confesseurs. Dieu les secourut au besoin, et leur donna des sages directeurs, qui les laissant dans l'observance des maximes feuillantines et de la règle de saint Benoît, leur donnèrent un habit fort obscur et presque noir, et en formèrent une Congrégation sous le nom du Calvaire, remarquable à présent par plusieurs beaux monastères dans lesquels de saintes religieuses vivent avec une très-grande perfection, et dans l'esprit intérieur et vertueux de cette sainte princesse qu'elles reconnaissent comme leur fondatrice.

F I N.

NOTE.

LA mère prieure du couvent des dames Bénédictines, nouvellement établi à Toulouse (sœur Sophie Dechamps), qui a fait sa profession de religion dans le monastère des dames Feuillantines de ladite ville, sachant que le corps et restes précieux de la vénérable mère Scholastique, religieuse feuillantine, connue dans le monde sous le nom de madame Antoinette d'Orléans de Longueville, placés honorablement, avant la révolution, dans le chœur intérieur de l'église des dames Feuillantines, avaient été conservés comme par un miracle particulier de la divine Providence, et qu'ils étaient déposés dans un des caveaux de l'église paroissiale de Saint-Nicolas, quartier Saint-Cyprien, a cru devoir revendiquer pour elle et pour ses compagnes un dépôt aussi précieux. Elle lui a fait préparer dans le chœur de son église une place à peu-près semblable à celui qu'il occupait chez les dames Feuillantines. Elle a demandé à MM. les vicaires généraux , le siége vacant , et à M. le Maire , tous les pouvoirs nécessaires pour cette heureuse translation, qui lui ont été favorablement accordés.

Cette translation s'est faite solennellement dans l'année 1818.